열애

열애

신달자 시집

민음의 시 142

민음사

自序

이 시집이 나에게 새 힘의 가동력이 되어 주기를 바란다
마음이 꽉 차기도 하고 빈털터리가 되기도 하는
이중의 갈등에 시달리면서
때로는 시를 놓아 버릴까 하는 심각한 좌절도 경험했다 그러나
지난 몇 년 집중 시작(詩作)에 쏟아 온 긴장의 시간이
시작 40년을 뒤로 하고 이 시집이
다시 새로운 시작(始作)의 디딤돌이 되기를 바란다

2007년 한가위 추석 달을 보며
신달자

차례

소

사나운 소 한 마리 몰고
여기까지 왔다
소몰이 끈이 너덜너덜 닳았다
골짝마다 난장 쳤다
손목 휘어지도록 잡아끌고 왔다
뿔이 허공을 치받을 때마다
뼈가 패었다
마음의 뿌리가 잘린 채 다 드러났다
징그럽게 뒤틀리고 꼬였다
생을 패대기쳤다
세월이 소의 귀싸대기를 때려 부렸나
쭈그러진 살 늘어뜨린 채 주저앉았다 넝마 같다
핏발 가신 눈 꿈벅이며 이제사 졸리는가
쉿!
잠들라 운명.

저 거리의 암자

어둠 깊어 가는 수서역 부근에는
트럭 한 대분의 하루 노동을 벗기 위해
포장마차에 몸을 싣는 사람들이 있습니다
주인과 손님이 함께
야간 여행을 떠납니다
밤에서 밤까지 주황색 마차는
잡다한 번뇌를 싣고 내리고
구슬픈 노래를 잔마다 채우고
빗된 농담도 잔으로 나누기도 합니다
속 풀이 국물이 짜글짜글 냄비에서 끓고 있습니다
거리의 어둠이 짙을수록
진탕으로 울화가 짙은 사내들이
해고된 직장을 마시고 단칸방의 갈증을 마십니다
젓가락으로 집던 산 낙지가 꿈틀 상 위에 떨어져
온몸으로 문자를 쓰지만 아무도 읽어 내지 못합니다
답답한 것이 산 낙지뿐입니까
어쩌다 생의 절반을 속임수에 팔아 버린 여자도
서울을 통째로 마시다가 속이 뒤집혀 욕을 게워 냅니다
비워진 소주병이 놓인 플라스틱 작은 상이 휘청거립니다

마음도 다리도 휘청거리는 밤거리에서
조금씩 비워지는
잘 익은 감빛 포장마차는 한 채의 묵묵한 암자입니다
새벽이 오면
포장마차 주인은 밤새 지은 암자를 거둬 냅니다
손님이나 주인 모두 하룻밤의 수행이 끝났습니다
잠을 설치며 속을 졸이던 대모산의 조바심도
가라앉기 시작합니다
거리의 암자를 가슴으로 옮기는 데
속을 쓸어내리는 하룻밤이 걸렸습니다
금강경 한 페이지가 겨우 넘어갑니다.

여명(黎明)

날이 밝아 온다
어둠이 어둠에게 무슨 전갈을 하는지
어둠이 몸을 엷게 펴면서 가볍게 떠날 준비를 하고 있다
저 어둠의 속살은 산을 오르기 위한 제의인가
바라보면 점점 사라지는 옷자락이 허공을 닦으며 가고
있다
그저 눈뜨면 오는 것이라고 믿었던
새벽을 데려오는 일에
몸을 구부리는 예불이 삼천 배로 지나갔다

어디서인가 광대한 빛을 들어 올리는 소리 들린다
어둠들이 몇천 개의 강을 건너며
빛을 들어 올리는 무리들의 뒤에서 힘을 보태고 있는
것이다
어둠이 빛을 밀어 올리는 순간
어둠의 몸체 안에서 터지는 소리와
세상의 잎들이 어둠을 내려놓는 소리들이
종이 되어 먼 곳까지 새벽을 마중 나가고 있다
아버지가 이른 새벽 집 둘레를 한 바퀴 서서히 돌면

집 둘레에 환하게 해가 떠오르듯
어둠들의 행렬은 거대한 빛을 들어 올리는 작업 중이다

어둠은 빛에 밀려간 것이 아니라 빛을 밀어 올리느라
그렇게 바삐 사라진 것이다
사라진 어둠은 새벽의 옷을 걸치고 대문 안을 들어서
고 있다.

저 허공도 밥이다

겨울 강물 속을 콕콕 찍어
먹이를 삼키는 오리들
그 옆 들판 마른 풀숲에서는
이른 봄을 꼭꼭 찍어 먹는 새 떼들
그 아래 구멍 뚫린 흙 속에서는
밥 짓는 개미들이 분주하다
낮은 산야를 휘돌아
나무 둥지 새끼들의 입속으로 돌진하는
어미 새의 입에는
따뜻한 들판 한 가닥 물려 있지만
수북한 밥상이 통으로 끌려간다
어디 밝음 속에서만이랴
어디서나 고봉으로 늘려 있는 어둠을
쪼아 먹는 새 떼들 있어
드디어 새벽빛이 흐른다
배고픈 솟대들이여!
저 허공도 밥이다
하늘 아래선 배곯지 마라
바위 틈새 어린 풀씨 하나도 어제보다 더 자라 있다.

물집

손끝에 발가락 끝에 물집이 생겼다
누가 지었을까
세상에 이런 위태로운 자리에
세상에서 제일 작은 집을 지어 놓고 누가 사나
이름은 예쁘지만 차라리 노숙이 낫겠다
몸속에서 잘 흐르지 못하고 튕겨져 나온
그 붉은 피의 외마디 입 안에서도
하나 살고 있다
입술을 거치지 않고 몸속에서 올라와
기어이 따로 숨어 집을 지어
내 생의 화두에 동참하는
고통의 꽃
그것은 부드럽지만 칼끝이었을
감상투성이의 나약한 계집일지도
얇고 부실해서 언제 주저앉을지 모르지만
그것은 뼈에 깊게 닿아 있는 집
몸 끝을 터로 삼아 마지막 수행처 하나 지었으니
저 물집 허물어지면
불씨 자욱이 내 발등에 내리겠다.

범종 친다

벽을 친다 자정에 치는 이 범종……
누구나 이 시간에 마음의 고비를 넘기기 위해
창을 열었다 닫고 서랍을 열었다 닫고
전화기를 들었다 놓았다 책을 폈다 닫았다 하지만

저 여자 안방의 벽을 친다
맨발로 어둠을 밟고 나가 몰래 산사의 범종을 치듯
온몸으로 범종 친다
범종 속으로 들어가기나 할 듯
범종 속으로 들어가 소리가 되고 싶은
소리로 뭉개져 흔적 없이 사라지기라도 할 듯
저 여자 어둠 속에서 눈 붉다

범종 소리 너무 골 깊게 쳤는지 절룩거리며
가다가는 모두 되돌아온다
닿아야 할 곳을 아직도 모르는지 그 소리 아무도 받아
주지 않는지
맺힌 것을 풀다가 더 엉켜 버렸는지
여자의 주먹이 벽을 쳐 번쩍 터지는 꽃불 속으로

돌아왔다 다시 내쫓긴다 여자 밖의 세상은 미동도 없다

저 여자 마음의 고비를 넘기 위해서는 벽과 눕는 것을
배워야겠다

주먹이 아니라 입술을 대는 것을 익혀야 할 것 같다

밤 익을수록 고요 깊어 주먹의 피도 가벼워지는 시간.

강을 건너다

저 하늘의 별도 강 건넌 만큼
하늘에 걸렸겠다
하루를 건너는 사람들
세월을 감다가 풍덩 빠지는 곳 있다
잠드는 일도 강 건너는 일이다
누구를 향해
정신 나게 한마디 하고 싶은데
꿀꺽 참으며 또 강 건넌다
무슨 강이든 제 등뼈를 눕혀야 건널 수 있다
등을 하늘에 두고 강 건너는 새들
하늘에도 강이 있다는 것을
새들이 엎드려 날으는 것을 보면 안다
바람이 출렁 나뭇가지 위에 주저앉았다
저것도 강 건너오기 쉽지 않았다
해 떨어질 때
하늘의 목덜미를 잡고 견뎌 보려고
당기는 만큼 하늘 붉었다
해라는 것도 강 건너는 데 저리 겁난다
강이 발 아래에만 있는 게 아니다

강 깊어
등짐 지고 끙끙거리는 것들
앞에 보이는 강이 더 많다
번쩍 불꽃 튄다.

저 산의 녹음

무슨 저런 짐승이 있을까
초록의 몸이 무거워
뒤뚱거리며 누운 저 여름 짐승
숨 쉴 때마다 온 산이 들썩들썩하다
몸의 깊은 곳에서 뿜어져 나오는
화끈거리는 기운
내 몸이 뜨끈뜨끈하다
삼천 여자를 데리고 놀고 있는가
씩씩거리며 숨을 헐떡이는
발작 광기를
절정으로 뿜어 대는
저 사내
알몸인데도 자꾸 벗고 싶어서
사내는 검푸른 근육을 출렁거리고 있다
이상하다
뜨겁게 달아오른 천지 녹음
그런 광란의 현장을 바라보고 있을 뿐인데
나 갑자기 수태할 것 같다
그 푸른 동굴 속에서

나 알몸으로 누워 산을 받아들이면
산 하나 품어 나오리
바다와 강이 하늘이 땅이 산이 모여
초록의 물결로 넘실거리다가
불끈 일어서는 저 거인
누가 엉덩이를 치받는지 다시 꿈틀한다
바람 불 때마다 푸른 불이 번져 나간다.

사막의 성찬

그제는 속초 바다와 저녁 겸상을 했다 밥상에 바다 속 사정 많이도 올라와 있었다

무슨 할 말이 그리도 많은지 싱싱할수록 쫄깃한 물결이 오래 입 안에 메아리쳤다 얼마나 파도쳤는지 한입 가득 들어오는 날것들 쫀득쫀득하게 찰지다 바다는 외곬으로 같은 말만 되풀이하느라 다른 말을 다 잊어버렸나 상위에서도 이빨 사이에서도 철썩 그 한 마디만 되풀이했다 나는 바다의 속만 파먹었다 파도의 아픈 발자국이 우둘우둘 씹혔다 바다가 무거워 허리가 반으로 접힌 붉은 새우는 내 시선이 포개져 더 오므라진다 냅다 입으로 넣어 버렸다

어제는 설악산과 저녁 겸상을 했다 밥상에는 구구절절한 산속 사연들이 올라와 있었다

명산의 갈비뼈를 거쳐 여기까지 온 풋것들 저마다 접시 위에서 차분히 고개 숙이고 있다 비닐하우스에서 고속으로 몸을 키우지 않고 서서히 자연의 속도로 하늘의 질서를 잘 견디어 온 귀빈들 그 몸속에 폭풍도 천둥도 뙤약볕도 폭설의 수난도 곰삭은 속도로 서서히 안으로 껴안

아 온 것 본다 두 번 생을 살더라도 따라갈 수 없는 필요한 잠언들 잎으로 열매로 뿌리로 낱낱이 접시에 싱싱하게 누워 있다 다 견딘 자의 묵묵한 겸손이 산나물 잎 잎에 배어 있다 입에 넣지 않고 바라만 봐도 산 하나 먹은 것 같다

오늘은 백담사와 저녁 겸상을 했다 상이 비어 있었다.

나는 폭력 영화를 본다

당신 오늘 배부른가
오늘은 당신의 제삿날
상 위에는 가득 음식 차려지고
술도 한 잔 올렸으리라

당신이 제사상을 받고 있을 때
나는 영화를 보고 있었어
에로틱한 영화 폭력 영화 어느 것을 볼까 망설이다가
나는 폭력 쪽으로 마음을 돌렸어
에로틱은 영 우리와 어울리지 않잖아요
그치? 당신도 알지

영화 속에는 잔인한 인간 군상들이
서로 칼을 날리고 찌르고 자르고
피가 낭자히 흘러내렸어
우리들의 젊은 날 격정과 사랑과 섹스
증오와 저주와 후회와 눈물이
장면마다 이어졌다
몸이 욱신욱신 쑤셔 왔다

당신 오늘 배부른가
내 말도 좀 먹어
내 빈 방도 좀 먹어 하루에도 몇 번씩 뒤집어지는 내
울화도 좀 먹고 가 당신 아니면 아무도 먹어 주지 않아
반드시 내 허기를 좀 먹고 가 제발
제사상 물리고 술 한 잔에 타서 내 통증을 다 먹고 가

극장을 나오는
내 젖가슴에서
당신 손자국이 만져졌다 당신도 영화 봤어?

사리(舍利)

누구나 자신의 몸에 두 개쯤의 사리를 가지고 있다
태어나 처음으로 세상을 보던 순간에서
열두 대문을 열고 다시 열두 계곡을 휘돌아
다시 일천 대문을 밀며 더 깊어지는 눈〔眼〕
어쩌다 발 헛디뎌 으윽 허리가 꺽일 때
어둠 속에서 더 번뜩이는 빛으로 남아 있던 눈
태우면 태워져 사라지는 사리도 있는 것이다
쟁그랑 소리 한 번 없이 사라지는 사리도 있는 것이다
너에게도 나에게도 있는 몸의 열매
그것은 사라지면서 별에 포개질 것이다
늙는 사람들의 눈을 보라
절벽에 떨어진 듯 쭈글쭈글한 주름이 싸고 있는 눈
쭈그러진 주름 안에 나무 관세음이 있다
세상사 두루 본 생의 이력으로도 그 눈은 사리가 되리
태우면 태워져 사라지면서 온 세상을 밝히는 사리도
있는 것이다.

고요 늪
— 돌확

어디서 시작되었을까 하늘의 발뒤꿈치에서 살짝 불던 바람 따라

아래로 아래로 굴러 떨어져 바위 하나로 툭 멈춰 선

비명이 그렇게 뭉쳤을지 몰라

어느 산기슭에 천 년을 누웠던 거북이 바위

느린 걸음으로 다시 천 년, 어느 나무꾼이 굴러 굴러

가져다 놓는 데 다시 천 년 그렇게 몇 번 천 년을 구르다 구르다 내 집 마루 중심에 놓인

돌확 하나

인연은 혼자 들 수 없는 것

영원이 무겁게 입 다문 채 제자리를 찾아오기까지는

숨어 있는 나뭇잎 하나도 손을 보탰다

어느 남정네 굵은 팔뚝 들어 올려

떡메 치던 곳에 하늘 한 귀퉁이 쪼개 담은 물이 담겨 있다

저 한 모금 물로 다시 천 년의 시간과 생명을 만들 수 있으리

소리의 메아리가 소리 없이 가만가만 깊어진다.

나 모텔에 들었다

나 모텔에 들었다
강진읍 남성리 금수장 모텔

영랑축제에 가느라 다섯 시간 버스를 타고 내리니 옆
의 선생님이 피곤하다며 쉬고 싶다는 것
강진 시인들이 급하게 나까지 묶어 엉겁결에 모텔 들다
너도 좀 자라
선생님은 곧바로 잠에 들고
나는 거울 달린 둥근 침대 끝에 어정쩡 누워
왠지 몸이 근질근질

나 모텔에 들었다
비밀스럽게 숨어들면 몸 구석구석에 화끈거리는
여름 나팔꽃이 온몸을 열며 피어날 것 같은 모텔
모처럼 나들이 겸 온 강진의 화사한 대낮
선생님과 모텔 침대에 누워
좀 이상하게 나는 쉬고 있어
목덜미를 거쳐 발끝을 스치는 파리 한 마리 잡으며 헛
손질을 하고 있어

영랑 생가 뜰에는 살 뜨겁게 모란이 허공을 밀어내며
피어나고 있을 때
　봄 햇살이 머리끝을 확 잡아당기는 대낮
　그렇게 막 봄 신명이
　강진읍을 들썩거리고 있을 때.

코스모스 영가(靈歌)

참 느긋한 종말 본다

가을 깊은 만해마을 도로변
누렇게 말라 종말 고하는 잡풀들 본다
푸르렀던 그 자리 그대로 누워
아무런 불평도 없이 고스란히 자연 속으로 스며 가는
저 유순한 헌납
저것들도 부르는 곳이 있을까
아무 미련 없이 어딘가로 가고 있는 모습 편안하다

  자기 행색에 한마디 변명도 없이 스러지는 종말을 아
래로 두고
  깔깔 웃으며 깜찍한 허리를 비트는 코스모스 무리들
  나는 뒤 풍경을 꽉 잡고 있는
  소나무들의 기쁨조라고 얕보며 지나치는데
  그것이 아니다 그곳 지나와 서울쯤에 다다라서
  나는 알았다

  저 고요히 목숨 사그라지는

저항 없이 느긋한 영면(永眠)
보잘것없는 잡풀들의 종말에
위로의 영가를 부르고 있었다는 것을
코스모스 영가.

벼랑 위의 생

너무 늦게 왔다

정선 몰운대 죽은 소나무
내 발길 닿자
드디어 마지막 유언 같은 한마디 던진다
발 아래는 늘 벼랑이라고
몸서리치며 울부짖는 나에게
몇몇백 년
벼랑 위에 살다 벼랑 위에서
죽은 소나무는
내게
자신의 위태로운 평화를 보여 주고 싶었나 봐
죽음도 하나의 삶이라고
하나의 경건한 침묵이라고 말하고 서 있는
정선 몰운대 죽은 소나무
서 있는 나무 시체는
죽음을 딛고 서서
따뜻하고 깊은 목숨으로
내 마음에 돌아와

앞으로 다시 몇몇백 년
벼랑 위의 생을 다짐하고 있다.

나무로 서다

정녕 탕감은 어렵겠는가

입술 끝에서 녹을 것 같은 여린 연둣빛을
진초록 살집 좋은 녹음으로 키워
등 빨갛게 까지는 불 인두의 여름 지나
견디는 자에게 켜지는 축등의
붉은 단풍들
서 말 눈물에 한 알 얻는 탱탱한 열매까지
다 넘겨주는 거 나 봤다

아직도 받을 빚이 또 있다던가

하늘 째지는 천둥과 폭풍에 벗은 알몸을 맡겨
바람의 칼에 난도질당하는
겨울나무들

휘청, 빚 독촉이 너무 쎄다.

지진

당신이 내 앞에 있었다
지진은 그때부터 시작되었다
강력한 쓰나미의 해일이 지구를 덮쳐 버렸다
오 맙소사!
우리는
재앙의 비를 사랑의 비라고 고쳐 불렀다
아무리 사랑의 비라고 고쳐 불러도
사랑은 대답이 없었다
폐허의 가슴과 가슴이 지붕을 이뤄
오래 폐허로 살았다
당신은 어느 날
내 몸의 폐허까지 온몸에 휘감고
해일에 힙쓸려 몸 날렸지만
내 몸부림치는 폐허는 더 터를 넓혀 갔다
흔들흔들흔들흔들

아직도 여진은 계속.

변태

아들 없는 내게 손자 놈이 태어났을 때 내 잠든 성도
함께 깨어났는지
얼굴은 보이지도 않고 그놈의 고추에 관심이 많았다
거기로 쏠려 버렸다
걸음걸이를 하던 순간부터 말머리를 알아먹는 순간부
터 고추 좀 보자
새가 베어 먹었나 어디 좀 보자 내가 간절히 보채면
바짓가랑이를 쭉 벗겨 내리며 그 예쁜 것을 시원하게
보여 주었다
내 먹구름도 싸악 벗겨져 나갔다 그 참 황홀한 맛!
그 똘똘하고 뿌듯한 하늘이 다섯 살이 되는 새해에도
나는 그저
한 가지 생각밖에 없었다 세뱃돈 줄게 고추 좀 보자
강아지가 물고 갔음 어째 좀 보자 한 번만 보자 보채는
나에게
이놈 눈 딱 부라리고 날 쳐다보며 하는 말
할머니는 변태야!
고놈이 내 맛있는 병명을 알아 버렸네 내 배꼽 아래 변
태가 꿈틀했네.

끈

내가 건너온 강이 손등 위에 다 모여 있다
무겁다는 말도 없이 손은 잘 받아 주었다
여기까지 오느라 꽤나 수척해 있다
툭툭 튀어나온 강줄기가 순조롭지 않았는지
억세게 고단하게 보인다
허겁지겁 건너오느라 강의 성도 이름도 몰라
우두커니 쳐다보기만 하는데
뭐 이름을 알아 무엇 하냐며 손사래를 치는 것인지
퍼런 심줄 줄기가 거칠게 겉늙어 보인다
그 강의 이름을 그냥 끈이라 하자
날 놓지 못하고 기어이 내 손등까지 따라와
소리 없이 내가 건넌 세월의 줄을 훔쳐매고 있으니
자잘한 잔물결이 손등 전체에 퍼져
내가 아무리 떨쳐 버리려 해도 세월의 주름은 더 깊게
내 손을 부여잡고 있다
그 세월 손아귀 힘이 장난 아니어서 아예
잠 못 드는 밤 팔베개를 하고 그 강줄기들과 함께 흐르
려 한다.

오른팔

하늘이 쫙 쪼개지며 터지는
번개의 불꽃이
내 오른팔이었을까
세상의 법칙들이 개미처럼 기어 다니는
몇 권의 책
노동과 정신을 들이마시는
한 잔 독서가
내 오른팔이었을까
위험에서 번쩍 들어 올리는
우람한 근육이 펄펄 강줄기로 살아 있는
힘센 오른팔 하나 갖고 싶었으나
지상의 쓸 만한 오른팔은
모두 주인 있어
오래 내 몸에 달린 내 오른팔을 배후자로 삼아
걱정 마라 걱정 마라
내 오른팔로 생을 들고 살았네
과적의 그림자 초음파에 걸려 버렸어
수술실에서는
내 생의 짐을 몇 근 덜어 내었을 뿐인데

날갯죽지 와르르 무너져
붉은 강 흐르고
세상의 계란 하나도 나는 지금 무겁다.

빈 들

외면당한 얼굴이 아니다 제 몸통 잘려 나간 것 원망 하
나 없이 아직 벼 그루터기의 온기 식지 않았다 잘려 나간
상처는 갈 햇살이 갓 꿰맨 차렵이불처럼 덮어 주고 황금
겨자 빛 물결은 끝난 게 아니다 빈 들은 있는 대로 문 활
짝 열어 놓고 지나가는 바람의 옷매무새도 고쳐 주고 거
처 없는 날새들의 여윈 다리를 쉬게 한다

어깨 으쓱해도 좋다 뙤약볕도 폭우도 이겨 낸 벼들 갈
곳으로 가 대접 잘 받으리라 그 대접 상에는 빈 들도 옆
에 있으리 들은 으스스 한기를 느끼다가도 한바탕 지나
간 생의 난장이 고맙고 대견하다

논길들도 이제야 휴식을 취하는지 오물오물 햇살들 발
장난하고 있다 어쩌다 개구리 폴짝 뛰어가다 서면 그것
들의 의자라도 되어 주는 양 느긋하게 몸을 빼지 않는다
어쩌다가 남은 이삭 두엇, 들이 안은 젖먹이같이 들의 가
슴을 파고들고 잘린 탯줄은 바람에 잘 마르고 있다 이대
로 보아라 더 덧칠해서 억양이 강한 목소리로 칭송하지
마라 과함도 짐이 될라.

핸드백

나의 핸드백은
내 가슴속의 숨은 방과 같습니다
남들은 잘 열지 못하고
열지 못해서 남들이 조금은 궁금한 내 핸드백은
때때로 나도 궁금해 손을 넣어 뒤적거리곤 합니다
열쇠와 지갑만 잡히면 안심이지만
그 두 가지가 정확하게 보이는데도
무엇이 없어진 느낌으로 여기저기 마음의 주머니를
더듬다가 덜컹 가슴이 내려앉곤 합니다
무엇인가 밀물져 왔다가
썰물처럼 밀려갔는지
황토 빛 뻘이 아프게 펼쳐져 있습니다
오늘은 찾아도 찾는 것이 없어서
속을 확 뒤집어 쏟아 버렸지만
알량한 내 품위가
남루한 알몸으로 햇살에 드러나
쑥밭 같은 마음들을 재빠르게 주워 담습니다
내 핸드백 속에서는
내 심장 박동 소리가 들리곤 합니다.

열애

손을 베었다
붉은 피가 오래 참았다는 듯
세상의 푸른 동맥 속으로 뚝뚝 흘러내렸다
잘되었다
며칠 그 상처와 놀겠다
일회용 밴드를 묶다 다시 풀고 상처를 혀로 쓰다듬고
딱지를 떼어 다시 덧나게 하고
군것질하듯 야금야금 상처를 화나게 하겠다
그래 그렇게 사랑하면 열흘은 거뜬히 지나가겠다
피 흘리는 사랑도 며칠은 잘나가겠다
내 몸에 그런 흉터 많아
상처 가지고 노는 일로 늙어 버려
고질병 류마티스 손가락 통증도 심해
오늘 밤 그 통증과 엎치락뒤치락 뒹굴겠다
연인 몫을 하겠다
입술 꼭꼭 물어뜯어
내 사랑의 입 툭 터지고 허물어져
누가 봐도 나 열애에 빠졌다고 말하겠다
작살나겠다.

슬픔을 먹는다

밤 열두 시를 먹는다
꼬불꼬불한 내 생의 꼬여진 가닥을
후루룩 빨아 먹는다
슬픈 밤이면 기어이 끓여 먹는
라면 한 봉지
에라 너희들 잘 살아 봐
반쯤은 세상 타박으로
입 속에 들어붓는 자학 한 그릇
내 생의 음표 같은 리듬을 따라
밤 열두 시에 눈물 한 방울 높은음을 친다
후회 안 한 일이 어디 있었을까만
라면 먹고 배부르면 왜 그렇게 열 받는지
사실은
배 주리고 두 손 모아 묵상할 시간에
뭐야!
바로 서지 못하고 몸 비트는 암표 인생같이.

문학이 쌓인다

문학이 쌓인다
서울에서 지방에서 우표를 붙이고 먼 길을 날아와
내 집 현관을 통과해서 내 방으로 수북이 쌓이는 문학
문학 문학 문학
누런 겉옷을 벗기면 시가 넘실거린다
현기증을 일으키게 쏟아져 나오는 시 시 시 시 시들
울컥 누룩 냄새가 짙다
페이지를 들추면
시커먼 뻘이 석탄 같다
위태로운 빌딩으로 서 있는 월간지 시집 그리고 계간지
사람들은 이것을 공기 정화라고 부르나
폐유 한 방울이라고 부르나
누군가 시집들 향해 출석을 부르고 있다
고 시인의 안창살
이 시인의 삼겹살
김 시인의 등심
장 시인의 갈비뼈
박 시인의 내장
허물을 벗었는지 덮었는지 모두 어깨가 확 휘어 있다

이름 한 번 불러 주는 일에 배부른 듯 어깨를 펴 보지만
어디선가 가장 낮은 곳에 누워 있는 문학 속에서
시인들의 핏물이 고여 흐른다
좌우간에 눈으로 읽는데 손이 끈적끈적하다.

곁

키는 크지만
아직 혼자 설 수 없는 라일락 한 그루 심었다
가는 몸 낯가림을 하듯 긴장한 채 벌벌벌 떨고 있었다
중심을 잡지 못하고 몸을 반으로 접고 꼬꾸라질 듯
사방 절하고 있는 나무에게
아파트 부근에서 나무토막 두어 개 주워다 버팀목으로
받쳐 주었다
겨우 하늘 위로 머리를 두었다
그렇게 그들은 묶였다 같은 몸이 되었다
나무토막이 나무의 다리와 팔이 되면서
나무는 낯선 땅으로 옮겨진 두려움 놓고
제법 뒷짐을 졌다
설 수 있게 한 또 하나의 다리 바람과 햇살과 노는 또
하나의 팔이
나무의 몸을 조금씩 굵게 만들어 갔다
언제부터인지 몰라 나무토막은 나무의 피가 제 몸속에
돌고 있는 것을 알았다
거리에 있는 나무토막이 자신을 나누어 주려고
폭풍 속에서도 어깨가 무너지도록

나무를 버팅기게 했던 나무 안으로 쑥 들어가 나무가
되려는 사랑을

나무도 잘 알고 있었던 것이다

나무는 열심히 피를 만들어 나무토막 버팀대에게

생명을 나누려고 그는 살아 있는 듯했다

꽃들을 한가득 피워 올린 어른스러운 나무 밑에서

버팀대는 이제 절반쯤 삭아 내려 사라져 가고 있었다

버팀대 같은 건 필요 없는 나무 밑에서 조용히 밑둥이
썩는 것을

버팀대가 썩는 향기가 라일락 꽃의 향기를 더 짙게 하
고 있다는 것을

곁이 몸 안으로 영혼이 되어 퍼지고 있는 것을 나무는
잘 알고 있었던 것이다.

장마

세상 사람들은
한 열흘만 비가 와도 장마라고 말하네
둑이 뿌리째 무너지고 산이 평지의 길 쪽으로
머리를 처박고
그대로 온기가 남아 있는 집채가 떠내려가면
집을 잃은 사람들이
큰 신발처럼 속이 텅 빈 교실에 덩그렇게 모여 있네
나 그 모습들 왠지 눈에 익어
TV 속에 내 어깻죽지 뼈마디 드러낸 채 보였어
수서역 빗줄기가 대모산위 비를 이끌고
막 내 현관을 들어서네
안내 없이도 이것들 익숙하게 제자리 찾아 앉는다
식탁에 앉는 비 내 옆 자리에 눕는 비
거실 의자에 두 다리 펴고 쉬는 비
장마의 고향이 어디인지 알고 있는
저 핏줄 땡기는 빗줄기들
한 삼십 년 비에 젖은 여자는
지금도 떠내려간 팔과 다리를 찾겠다고
방에 앉아서도 바다를 헤집고 있네.

건조주의보

누가 불을 켜려거든 저 멀리서 켜 주세요
가능한 나에게서 멀리 날 쳐다보지도 말고

죄송하지만 그곳도 위험해요 네네 조금만 더 멀리
네 몇 발짝만 뒤로 가면 되겠군요 네 한 발짝만 더

건조증을 앓는 여자는 노을 한 조각에도
저고리 앞섶을 다 태워 먹어요 온몸에 불 번져요

작은 불씨에도 확 불바다가 되는 그런 가슴 그런 심장
열 손가락이 불쏘시개처럼 바짝 메말라

저들끼리 닿기만 해도 파멸이에요 뼈도 남지 않아요
산불만 무서운가요 백 년도 타는 불이 있어요.

엉덩이라는 지구 별

우주의 어디쯤일까

저 까마득한 몸의 들판에는
신의 손인가 약속 없는 풀들과
우격다짐으로 들어와 박힌 돌들을 고르는
손이 분주하다
왜 내 몸에 그 돌이 와 박혔는지
바라보면 뿌리 뽑고 싶은 인연들이 많다

초음파에 잡힌
외로움의 즙액이 굳은 한 마리 검은 화석은
살을 베어야 골라낼 수 있다
암 그렇고 말고…… 그렇다니까
그 암을 수거하는 손 따라
앞가슴도 순간 사라졌지만

몸에 꽃이 사라졌다고 말하지 마라
앞에만 단 기류가 흐르는 줄만 알았지 돌아보라
뒤를 돌아보라 척추 바로 밑에 하트가 피어 있구나

심장보다 더 심장인 광활한 우주의 절정
쿵쿵거리는 드럼 소리가 왁자하다
젖가슴보다 더 뭉클 따뜻한 고향 같은 평온의 하트
엉덩이라는 지구 별

몸에 꽃이 사라졌다고 생각하지 마라.

등 푸른 여자

바다를 건너왔지

바다에서 바다로 청람 빛 갈매 속살에 짓이겨지면서
그 푸른 광야를 헤엄쳐 왔지
허연 이빨 앙다문 파도가 아주 내 등에서 살고 있었어
성깔 사나운 바다였다
내 이빨 손톱 발톱을 다 바다에 풀어 주었다
바다를 건너기 위해서는 단단한 것을 버리고
바다와 몸 섞지 않으면 안 된다
물을 따르기만 했는데 팔뚝 굵어진 여자
망망대해의 질긴 심줄이 등으로 시퍼렇게 몰렸다
드디어
암벽화처럼 푸른 지도가 내 등 위에 그려지고 있었어
내 등에 세상의 바다가 다 올려져 있더군
몇만 겹줄을 벗겨 내도 꼼짝 않는 바다
바다를 건너와서도 내려지지 않았다
시퍼렇게 시퍼렇게 바다를 걷어 내어
지상의 돛으로나 우뚝 세우고 싶은
내 몸에 파고든 저 진초록 문신.

개나리꽃 핀다

바람 부는 삼월
진회색 개나리 가지들 속에서
노오란 머리 비집고 나오는
신생아들
순금의 아기 부처들이
지난해 못다 준 말씀들
세상에 와르르 쏟아 내고 계시네
온몸으로 순금의 등을 켜고
거리에서 순금의 자비를 내리신다
화가 잔뜩 난 사람들 여기를 봐라
하늘의 선물로 내린 빛의 아기들
세상을 순화시키려고
거리마다 신생아실을 두었다
절하라
거기가 어디든 모두 법당 안이다
아기 부처들을 태운 황금 열차가
세상의 거리를 달려간다
삼월 설법으로
개나리꽃 핀다.

애무석(愛撫石)

그 남자가 잠들기 전
쓰으윽 만지고 씁쓸한 웃음 우물거리며
잠자리에 들던 수석 한 점
애무습소(愛撫濕笑)
여자 엉덩이를 꼭 빼닮은
탱탱하고 미끈미끈한 그 돌
요즘 나날이 내 차지다
잠들기 전 내가 쓰으윽
엉덩이 아래까지 쓸고 내려가면
그 밑으로 뭔가 팍 잡힐 것 같은
씁쓸한 착각에
빈 집에서도 홀로 얼굴 붉히네
어느 산이나 강물 속에서
어느 손에 끌려 억겁의 인연이 되어
내 집에서 화동(花童)인가 동기(童妓)인가
하루 종일
수건 하나 걸치지 못하고 벗은 엉덩이를 까고 앉은
저 우주의 심장 한 쪽
오늘도 완전 내 차지다.

천 년 느티나무

백 대손이라도 되는가
그 앞에 서니 온몸이 쩡 울린다
나는 부동자세로 얼어 못 박힌 듯
천 년 뿌리에 발목 잡힌다
부안에서 곰소 지나 내소사 들면
대웅전 앞에 선 천 년 느티나무
몸은 다 비틀어지고 옆구리 동굴처럼 패어
어디 그것을 산몸이라고 하겠는가
천 년 비바람이 다 쓸어 가고
천 년 몸살로 다 삭아 내려
한 발짝도 뗄 수 없는 천 년 병석을
제 스스로 끌어안고 있는
내소사 앞뜰의 부처
지금도 불자들 돌아가는 손에
자신의 푸른 가지 하나씩 안겨 주고 있는
천 년을 주고도 더 주어야 한다고
영영 가지 못하고 늙어 가는
내 어머니 부처.

바라본다는 것

아파트 일 층인 내 방 창에는
녹음 커튼이 드리워져 있다
사월부터 연둣빛 땡땡이 무늬가 어른거리더니
서너 달 지나며 창은 짙푸른 비단으로 출렁거렸다
누가 저걸 기르는 것인지 묻지 않았다
집안 사정이 너무 질겨 오래 씹느라
그냥 바라보기만 했다
저 초록 잎새들 생의 고초를 다 넘어
이젠 거칠게 퍼붓는 빗줄기 안아 얼러 대기도 하고
낙뢰 한 줄기 기민하게 붙들어 분질러 버리기도 하는
살랑살랑 바람에 흔들리며 살아 있는 벽화처럼
시간의 무늬를 만들어 가고 있는데
햇살이 초록 건반을 두들겨
아침을 알리기도 하는데
나는 그저 바라보았을 뿐이다
바라보면서 나는 그 안에 서서히 들고 있었던 것
간격을 허물고 내 안에 그것이 들어와 있었던 것
내가 안인지 녹음이 밖인지 금이 지워진 지 오래인 것
같았다

저건 또 얼마나 내 옆에 있을 것인가
너무 많이 바라보았다.

작은어머니

아버지보다 스무 살이 아래인 그 여자
하얀 노인이 되어 임종을 맞아 누워 있네
아버지의 물이 저 여자의 어디까지 스미게 했을까
앙상한 뼈가 한 개 성냥개비 같다
돌아누운 그 여자 꽁지 뼈가 솟은 못 같다
살가웠던 아버지의 더운 손을 저 뼈는 기억하고 있을까
엉덩이가 한 바지기만 하다고
그걸 육자배기처럼 흔들어 아버지를 꼬신다고
어머니 독 묻은 욕을 소나기처럼 맞던
그 엉덩이 살은 다 어디로 갔나
아들 두엇 낳았지만 호적엔 아직 처녀인 팔순의 뼈
저 여자 등짝에 붙은 이름은 늘 세 번째 첩이었다
아버지가 아버지의 몸으로 쓸어 간 아랫도리나
어머니가 어머니의 손으로 뜯어 간 머리카락은 먼저
이승을 떠났는지
밋밋한 신생아 그것 같다
작은어머니!
누구나 그년이라고만 부르던 차가운 귀에
마지막 선물로 정확한 호칭을 불러 주었다

반시신이 부드럽게 펴지듯 눕는다

붉은 황토물이 여자의 생을 다 훑고 내 어깨에 와서 파도친다

형님요

그곳에 가서도 머리를 땅에 대고 어머니를 부를까

아버지의 입이 저승사자의 주머니에 들어 있겠다.

싸리집

수술 후에는 그것이 좋다고 하여
아무개 시인을 따라 싸리집 갔다
마치 불륜처럼 누가 볼까 주위를 흘깃거리며
다소곳이 숨듯 앉아서
처음엔 입에 대는 둥 마는 둥
씩씩하게 먹는 것이 부끄러워
먹으면서 안 먹는 척 아시랑을 떨었다
그것 먹고도 안 먹었다고 하고
그것 먹느냐고 물으면
어머나 뭐 그런 걸…… 어물거리고
거기 가고도 안 갔다고 시침을 떼면서
사실 거기 나 몇 번 가서 재미 붙였다
속이 헛헛해도 가고
속이 개 같은 심정이 될 때도 가고
기운이 축 늘어질 때도 가서는
점점 뻔뻔한 단골이 되어
일 인분 더 추가!
낭랑한 목소리로 외치기도 한다
껍질이 더 맛있어

껍질은 슬픈 거야
장애물을 다 막아 주느라 세포가 단단해졌거든
개 같은 철학도 늘어놓으며
컹컹거리는 몸 안의 개 고개 미는 것 꾹 누르면
어느새 접시 하나가 말끔히 비어져 갔다.

흑조

무슨 일이 있었을까
저 여자
갑자기 앞을 툭툭 차면서 걸어가고 있다
나무들 고요한 그림같이 서 있는
한적한 길을 걸으며
불현듯 몸짓을 바꾸는 속내가 무엇이었을까
앞을 툭툭 차면서 걷는 것이
세상을 툭툭 차면서 걷는 것처럼 보이네
아무도 예측할 수 없는 눈치 챌 수도 없는
여자의 나태한 듯 느린 걸음에서
툭툭툭 허공을 걷어차는 반란
발끝이 산 위에 닿기도 하고 나무 위에 닿기도 하는지
말랑한 허공 부리 속이 찢어지는지
탄천 강물의 물줄기들이 허리를 비틀며 흐르고
강변 나무들이 자세를 고치느라 부산했다
앞에 있는 것들 모두 한 발짝씩 뒤로 물러섰다
저 반동의 힘!
고요한 외곽의 길을 저리 기분 좋게 술렁거리게 하다니
땅을 누르는 것이 아니라 앞을 툭툭 차며 걷는 일

픽픽 차는 힘이 자석처럼 주위를 한곳으로 몰아오고
있다

다만 앞을 밀고 갔을 뿐이다

그제서야 주변들 여자를 보기 시작하는 것이다.

국제전화

누나! 지금 아버지 제사 준비 중이야

....

이따 한 말씀할래?

....

뉴질랜드 오클랜드에서 동생이 말하고 있다
아버지 보일 것 같아 창 너머 본다
아침부터 하늘 흐리었다
물기 닦아라
세상 맑아야 아버지 먼 길 편하시다
아버지 목 축이시던 타향살이 부르며 문 열었다
뉴질랜드가 너무 멀어
내 집에 쉬러 오실지 모른다
아버지 외제 제사도 받아 봐요
요즘 세상에 아프리카면 어때요
먼 길 가시는 아버지 등 뒤에
눈물 빠지는 농담이 얼굴 벌겋다.

넥타이

남자들은 아침마다
무지개를 걸어다가 목을 조인다
목을 쥔 생의 목줄을 펄럭이며
출근을 한다
멋을 내거나 신사다운 품위를 지키는
정장의 모습에서
결코 빼놓을 수 없이
스스로의 두 손으로 목을 조이는
경건한 자해
목을 조이지 않으면 남자들은 녹이 슬어
목을 조이지 않으면 풀이 죽어
남자들은 별빛 꿈처럼 장롱 속에 걸린
꽃봉오리 하나씩으로 밥을 손짓한다
흰 칼라에 반듯하게 매어진 그 심장에 붙은
화려한 암호를 해석하지 마라
매면서 풀고 싶은 이중성의 고독
세상을 향해 벌리는 또 하나의 손
펄떡거리는 야성을 정박시키는
개인 야사의 쓸쓸한 축도
그 가슴에 길게 늘어진 입.

운수 좋은 날

홀로 가는 한 시간 사십 분의 기차 여행은 조금은 들떠 있다

대구에 내리자 M 시인이 오백 명의 남자 중에 하나만 딱 골라

가슴에 폭 품고 가라고 귀띔을 했다 귀가 근질근질했다

대구 영천 거조암의 오백나한을 보러 가면서 나는 가슴이 두근거렸다

나는 눈을 부라리며 치켜뜨고 어디 끌리는 거 없나 들어서자마자 땡기는 남자 찾느라 눈이 바빴다 여기도 전갈을 주었는지 기다렸다는 듯 모든 남자가 엉덩이를 덜썩거리며 일제히 나를 보는 것 같았다

나는 어때? 나는 어때? 나야 나!

허기진 남자들의 눈이 시뻘겋다

더러는 돌아앉은 남자 먼 산 보거나 눈 감고 안 본 척하는 남자

아예 고개 돌리고 여자가 다 뭐여! 시침 떼는 남자도 있지만

마음은 애오라지 자기를 찍어 달라고 이마를 내미는 남자들

염불은 아예 집어치운 듯 오백 대 일의 여자 하나 두고 신경전이 치열하다 꽁무니가 탄다

　나는 미남형의 163번 현존단자에서 바로 이 남자야 하고 손을 내미는데

　내 손을 버럭 잡는 팔뚝 굵은 옆 남자

　"두 남자도 괜찮으이" 한다

　이러다가 다 놓칠라 집중 공격 하나를 잡아야지 블루스를 추듯 앞으로 뒤로 걸음을 떼다 나는 고르는 일에 실패했다

　M 시인이 물었다

　하나 잡았어요?

　저 오백 명의 남자가 다 내 꺼거든요.

녹음 미사

어린 말씀들이 돋기 시작했다
나무들이 긴 침묵의 겨울 끝에
몸의 입을 열기 시작했었다
바람이 몇 차례 찬양의 송가를 높이고
봄비가 낮게 오늘의 독서를 읽고 지나가면
누가 막을 수 없게
말씀들은 성큼 자라나 잎 잎마다 성지를 이루었다
결빙의 겨울을 건너 부활한 성가족
의 푸른 몸들이 넓게 하늘을 받는다
잎마다 하늘 하나씩을 배었는지 너무 진하다
말씀 뚝뚝 떨어진다
뜨겁다 못해 진초록으로 불붙고 있는
저 절정의 통회
바람이 불지 않는데도 서로 허리를 꺾으며
벌겋게 타오른다
나도 저렇게 무르익는 통성기도의
후끈한 고백성사 대열에 끼어들어
죄의 뼈를 낱낱이 고하고 싶다
그 눈물

곧 땅 아래로 성체처럼 녹아들 것이다
그 최후를 향해 오늘도 잎 잎마다 말씀 짙어 가고
푸른 부흥 집회가 연일 몇 달째
장엄한 녹음 미사가 길다.

다람쥐와 마주 서다

너를 만날 생각은 없었다
날 보자마자 도망치는 너를
그냥 쫓을 수밖에 없었다

종일 쫓다가 이만한 벗도 있을라나 싶어
헐떡이며 산의 고랑을 넘나들며 달리기를 하다가
어느 순간 우리는 딱 마주 섰다
눈빛 초롱하고 몸 빠른 그놈에게 한 수 배워 보자고
반짝반짝 두 개의 별이 가슴에 불룩하게 들어와 앉는
그 작은 놈과의 교류는

나무 위에 오르는 일에서 잠시 멈춰 섰다
날렵한 저 몸집 속에는
퇴적층의 한이라도 있을지 몰라
속을 삭이느라 녹여 내느라
이가 뻣뻣해져
저렇게 딱딱한 도토리를 먹이로 세월 까먹고 있으니

순간 내 옆을 지나치는 것이 아니고

그저 생각이 종일이지 두어 시간 함께 뛰었던 시간에
생이 다 흘러갔을 것 같은
어느 날 산속의 다람쥐와의 데이트.

버들잎 강의

강의실은 구 층에 있었다
지하 삼 층 차고에서 버튼 하나만 누르면
한순간 하늘로 치솟아오르는 일이
나에겐 예삿일이다
높은 곳을 죽 올라가는 그 재미로
계단을 잊은 지 오래다
아 지겨워 하나하나 밟아 언제 오르나
단숨에 잡아 보려 했던 북두칠성 아직 멀어서
나는 오로지 오르는 일에 길들고 비행을 섬긴다
그렇게 쑤욱 솟구쳐 올라가서
강의실에선 낮아지는 걸 가르친다
문학이란 적어도 낮아져 바짝 엎드려
바닥의 그늘을 줍는 것이라고
그늘의 속잎을 끌어내고 나무의 속말을 듣는 것이라고
저 버들잎을 보아라
모든 나무는 하늘 무섭지 않게 뻗어 오르는데
저 버들잎만 겸허히 아래로 아래로
흘러내려 자신의 공간을 비워 주고 있지 않느냐
비워 주는 일은 마음을 보는 사람만이 하는 일이다

몸을 낮춰야 마음이 보여 그래야 푸른 피가 도는 거지
시 시 시는 더 푸르러야 해 소리치며 강의를 하고
나는 더 어디 높은 곳이 없나 허우적거리며
강의를 끝낸다.

그 여자의 방에서는

밤이 깊을수록 그 여자의 방
TV 소리가 높아지고 있다
가끔 TV 소리에서 라디오 소리까지 겹쳐져
사람의 영상이 겹쳐지는 것처럼
소리들의 겹침이 무겁게 어깨를 누른다
그 여자 그 소리들로 밤의 어둠이나
몸속에 달라붙는 악몽들 밀쳐 내고 있는지 몰라
소리를 뭉쳐
그 소리 힘으로 세상 소리들을 떠밀어 내고 있을 때
어둠은 서서히 물러서고
희미한 발걸음을 듣기 시작했는지 몰라
TV 소리 라디오 소리
벼 베듯 베어 쓰러트리고 있는지 몰라
그 여자 방 새벽 기진하게 고요하다
끓어오르는 수족관 빨강 불빛 속에서
종일 가야 그 자리인 그 자리에서
화려한 무늬를 온몸에 감고 정지해 있는
꽃붕어의 소리 없는 눈물이
느릿하게 유리 안으로 잡힐 듯 말 듯.

귀

애야 일어나라
어머니 말씀 하나 그대로 상하지 않고 담겨 있다
몇천 번 꺼내 들어도
다시 그대로 더 싱싱해지는 말씀
왕창 무너지는 모진 강풍에도 끄떡없이
몸 안에 묻혀 있던 독
독이 또 하나의 독을 만들며
또 하나의 독이 다시 또 하나의 독으로 불어나
강풍을 밀어내던 목소리
애야 일어나라
그 말씀 더 진하게 발효되어 온몸을 울리는
깊은 항아리
바람이 숱한 세월을 밀고
귓전을 칼바람으로 스쳐 지나가지만
애야 일어나라
볕살 좋은 곳에 오늘은 뚜껑 열어 두고
항아리마다 담긴 말씀을 푸욱 익히는
내 몸의 장독대여.

부석사

봄 봄
부석사는 새잎 어여쁜
젊은 영계 품에 안겨 있었다
얼마나 좋았는지
엉덩이를 들고 있는 듯했다
못 본 척 돌아왔지만
내내 나도 떠 있었다
가을 무르익어 찾아간 부석사
날 알아보았는지
어찌나 부끄럼 타
붉은 얼굴이
온 산을 덮고 있었다
새벽 목탁 소리에도
숨을 할딱이고 있었다
근데 그게
부석사를 본 것이 아니고
내내 나를 보았던 것이다
나는 뭐에 홀린 듯
엉거주춤 엉덩이를 들고 서 있었고

결코 세상사 매혹에 태연한
부석사는
내 앞에서 표정이 없었다.

무주 구천동

1

가을 깊은 무주 구천동에
바람 한 줌으로 흘러들었다
비가 내리고 있었다
들어서서 처음 만난 군졸 같은 안개 무리
얼굴 가린 구천동은
가까이 갈수록 멀어져 갔다
묻고 싶었는데
단지 실마리 하나 풀고 싶었는데
인가까지 덮친
회색 가면의 무리들
돌연 구천동은 사라지고
나만 머쓱하게 서 있었다.

2

서울 간다
등에는 무주 구천동만 한
물음표 하나 업고
사흘 동안 해독 못 한

안개 자락 안고 간다
팔도 다리도 없는
능구렁이 같은 안개 앞세워
물음표 하나 덩어리로 키워 왔다.

수선하는 여자

수서 임대 아파트 지하에서
다리 하나 짧은 여자
옷 수선하며 살고 있다
생의 허리가 너무 커도
꿈의 바짓가랑이가 너무 짧아도
제 생을 수선하지 못해
어둑한 지하 골방에서
종일 남의 옷을 수선하기 위해
미싱의 페달을 밟는 여자

햇빛 들어올 문이 없어
대낮에도 형광 불빛 달아오르는데
마흔 넘은 처녀의 짧은 다리 하나
박자를 맞추며 유행가를 흥얼거리는데
마음에 안 맞는 꿈의 길이를
세상 주무르듯 줄이고 늘이는데
주문받은 옷이 늘어날 때마다
웃음 하나로 좁은 공간을 꽉 메우는
치수 정확한 그 여자

자르고 잇는 일
원하는 대로 잘 맞춰 준다.

봄 풍경

싹 틀라나
몸 근질근질한 나뭇가지 위로
참새들 자르르 내려앉는다
가려운 곳을 찾지 못해
새들이 무작위로 혀로 핥거나 꾹꾹 눌러 주는데
가지들 시원한지 몸 부르르 떤다
다시 한 패거리 새 떼들
소복이 앉아 엥엥거리며
남은 가려운 곳 입질 끝내고는
후드득 날아오른다
만개한 꽃 본다.

녹음

무거워 보인다

잎새 하나마다 태양이 엉덩이를 깔고 누웠는지

잎새 하나마다 한 채 눈부신 궁궐이다

그 궁궐 호수도 몇 개 거느리고 번쩍 튀어 오르는 물고
기들

위로 위로 쏘는 화살처럼 휘번뜩거리는데

이런 세상에 이 출렁이는 검푸른 녹음의 새빨간 생명
들이

왁자지껄 껴안으며 춤추며 뭉개며 서로서로 하나로 겹
쳐지는데

무지 실하다

공(空)으로 가기 위해 힘을 불리고 있는 중인가.

낙조

해가 기운다
동쪽에서 걷기 시작해서
촘촘하게 바다도 걷고 산 위도 걷고 강 위도 걷고
돌바닥 위도 아찔한 절벽도
탱자나무 가시 위도 걷고 걸어
서쪽까지 세상을 밟아 가느라
두 발이 벌겋게 부어올랐다

저녁나절 꼴깍 넘어지고 말았다.

부적(符籍)

마음 아득한 날
보석처럼 은밀히 들춰 본다
주름 펴다 늙은
녹슨 어머니 인두 하나
살점 같은 발자국 하나 꺼내 본다
세월 삭는 소리 속에 누운
어머니 손목뼈 같은 것
그 인두
마치 겨울 잘 이기고 세상 나온
봄 새잎 같다
부슬부슬 녹 가루가 붉은
서랍 속의 묵언
먹구름 한판 거나하게 지나가고
다시 먹구름 우루루 밀려오는
내 생의 화폭에
피 머금은 낙관처럼
내 가슴에 콱 찍히는 순간
한 아름 꽃구름으로 피어나게 하는
어머니가 남긴 지킴이 같은 거.

아니오니계곡*

기다리지 마라
나 아니오니계곡 간다
무심히 몇 발짝 들어가다 아예 신발 벗어 놓고
계속 오르고 오르다 뒤도 안 보고
아니오니계곡에 살게 될지 몰라

백담사와 만해마을 사이에
아무 눈에나 뜨이지 않게 나무들이 몸을 살짝 숨겨
길게 하늘로 뻗은 계곡
하늘로 오르는 길을 여기서 알게 되는 계곡
씻으면 장님도 눈을 뜰 것 같은 맑아서 시린 물
이상하다 저 물의 시작은 지상이 아닐 듯
그동안 덮은 비밀 다 드러나고 거짓말도 들통 나지만
그래서 다시 깨끗하게 마음을 갈아 끼우는 곳
오를수록 발자국 앞으로 길을 여는
홀린 듯 홀린 듯 세상 다 버리고 세상을 다시 얻는
절대로 아니 내려가는 아니오니계곡

다람쥐가 저기로 저기로 꼬리를 흔들며 오르라 하고

계곡은 그래그래 자꾸만 고개를 끄덕이니
아아 산의 두 팔이 나를 안아 올리네
여기가 어디야 어머니 자궁 속을 다시 든 듯하네
하늘이 여기서 세수하는 걸 아무도 모르지
너희들 다 가져! 몽땅 빈손이 되어도 좋을 듯 싶은
한번 오르면 살 것 다 산
아니오니계곡
너무 좋아 좋아 아니 돌아온다는 계곡

나 기다리지 마라.

* 백담사와 만해마을 사이의 계곡 이름.

만해사

멀리서 파도 소리 새벽 너울 넘어와 어둠 깨우고
설악 소나무 가지 어둠 깨끗이 쓸어 놓는
백담 만해사
부처님 오른팔에 끼고 나들이하시는 경전 같은
작지만 깊고 단아한 백담 만해사
고요 한 줌 키우는 승방에 조심히 몸 들면
금방 고요로 스며 사라지는 백담 만해사
부처님 미소로 날 찾아 주시며 고개 끄덕일 듯
내가 사라지기도 하고 내가 더 분명해지기도 하는
묵언으로 설법 펴시는 앞산 고승 무산(霧山)이
스르르 내려와 몸을 떼어 내 방석으로 나눠 앉으라시며
빈 마음의 골목을 햇살로 가득 메워 주시는
서원보전(誓願寶殿).

정오의 바늘

내게 주어진 생의 요철을 단 한 번도 건너뛴 적이 없다
지층의 갖은 장애를 맨가슴으로 문지르며
온몸으로 문지르며 보이지 않는 속도로
오직 한 곳을 향해 문신하듯 땅의 무늬를 새기며 간다
드디어 도달한 산정
에귀유 뒤 미디*
배꼽과 배꼽이 포개지며 하나가 되는
하늘과 땅의 정점
반쪽과 반쪽이 온몸을 끌어 해진 살 다 녹아내리고
불멸의 한 가닥 뼈와 뼈로 만나는
정오의 바늘
잠시 껴안는 일 초의 미세한 시간을 뒤로 하고
일 초를 향해
다시 산정을 행해 요철 위를 문지르며 가는
어디까지라도 가야만 하는 내 마음의 바늘
나는 이 바닥을 기며 기며 너에게 닿으리
내 심장의 뼈로 오르고 올라
다시 아스라한 첨탑 그 정오의 한 찰나에 생을 묻으리.

* Aiguille du Midi, 3842미터의 몽블랑 산정. '정오의 바늘'이라는 뜻.

아 채석강아

어머나! 우리 어머니 여기 계시네

시커멓게 타 숯이 된 어머니 켜켜이 쌓여 있는 거 보네

경상도에서 전라도까지

밤바람에 실어다가 꿈속에도 달려와 먹장 가슴 쌓아
두었나

사람들은 책을 쌓아 두었다고 말하네

그게 어디 책인가 천만 번 봐도 어머니 굴뚝 같은 가슴이

시커멓게 그대로 눈 부릅뜨고 쟁여 있어

딸이 보면 안 되지 불티 옮기면 안 되지 꾹꾹 눌러 먼
바닷가에

이렇게 멀리

이렇게 멀리.

나는 모항에서 돌아오지 않았다

마치 이곳을 향해 육십 년을 걸어온 듯
긴 팔을 휘감아 내 어깨를 감싸 주는 바다
육신을 아주 여기서 벗기라도 할 듯
반원의 두 팔에 내 생을 올렸다
모래는 영험해서 내가 바로 드러누울 것을 알았는지
어디라도 눕게 고운 모래 요를 한 장으로 깔아 놓았다
저 바다!
전생에 나하고 한 살림 했던 적 있나
부드러운 바람이 이르게 저녁을 불러오고
따르면 한 항아리는 될 듯한 노을이
한순간 불기둥으로 솟으며 술로 익는다
별들이 삼삼오오 내려와 줄줄이 내 옆에 누워 별 방을
만들고
별 하고 말하면 별이 손에 잡히는 어둠 속에서
이렇게 서두를 것이 뭔가
아침은 부르지도 않았는데 턱 하니 창을 밝힌다
두 팔로 막아도 아침은 바다를 다 덮고
아직 허리를 감고 있는 밤의 강력한 손아귀의 힘을
파도 자락 밟으며 더 큰 소리로 듣고 있는데

서울행 자동차의 시동이 걸린다
말하건대 나는 떠나지만 나는 남는다
몇 발짝 걸어가다
은빛 햇살 철사에 발목이 휘감겨 나 못 간다 말하지만
서울행 자동차는 미끄러지는데
모항에선 겨우 일박은 모독이다
바다 위에 시선을 그물처럼 툭 던져
모항은 내 몸에 더 크게 남는데
서울에 닿아서도 나는 서울에 있지 않았다.

우리들의 집

자신의 코트 주머니 속으로 내 손을 가져가는 남자
두 손이 마주 잡히는 그 순간
따뜻한 집 한 채가 지구 위에 우뚝 세워졌다
그 캄캄한 주머니 속에 환하게 서로 웃으며
마주 보는 손과 손의 열리는 문
그 집에 들어서면
그 남자의 가슴 그 남자의 고뇌
그 남자의 시린 밤이 내게 건너왔다
내 축축한 침묵도 흘러갔을 것이다
건너오고 건너가고 그리하여
붉은 강물이 서로 마주 보며 흘러갔을 것이다
영하의 거리에서 우리가 맨손으로 지어 올리는
빛나는 겨울 궁궐
짐승들이 겨울나기 동굴 속으로 기어들 듯
그의 주머니 속에 백 년 살 듯
두 손이 마주 보며 영원을 지어 올리는 밤
나는 문득
김이 무럭무럭 나는 하얀 밥을 짓고 싶어.

얼음 신발

가을이 그를 데리고 갔다
하필이면 가을은 더는 구할 수 없는
내 심장 한 쪽을 가져갔을까
대신 얼음 신발 하나 두고 갔다
그것을 신고 앞으로 나 미끄럽게 살겠네

가을이 사라진 쪽으로 너를 부르지만
세상이 다 얼음 위라는 경종만 듣고 있네
그대가 우리의 별이라고 하던 그 별에
나 얼음 신발 끌며 가고 있다
내 발이 함께 얼음이 되더라도
나 기어이 그 별을 걷고 걸어
생의 가설무대를 허물어 예쁜 집 다시 짓겠다
이마로 박박 얼음 문질러 화끈한 불꽃 활활 켜고
사라진 가을을 헤집어 너를 찾겠다.

손

자기 손으로 자기 몸을 쓸어내리는 것을
자위행위라고 말합니다만
나의 손은 나의 어머니입니다
내 손이 내 몸의 성감대를 찾아가는 것을
내 손이 내 몸의 흐느끼는 곳을 찾아가는 것을
야릇하게 생각하지 마십시오
오늘도 어머니는
이 세상에 가장 큰 사랑으로
이불을 고르게 덮어 주시고
세수를 시켜 주시고
밥을 떠먹이십니다
앓는 몸의 땀을 닦아 주시고
이제 울지 마라 눈물도 훔쳐 주시고
기운 좀 내라 립스틱 황홀하게 칠해 주시고
내 어머니는
지금도 내 하수인으로
거칠게 낡아 가는 줄도 모르고
내 손은
나에게 가장 가까운 사랑으로

속옷에서 코트까지 차례대로 입혀 주시고
내 아픈 어깨를 쾅쾅 두드려 줍니다
내 손은 내 어머니의 부활입니다.

딸의 하이힐을 수선하며

애야 넘어지지 마라
한 뼘이나 높은 하이힐을 신고
당당히 가슴을 펴고 출근하는
너의 모습은 절반이 위험이다
사무실에서도 한 뼘은 더 높은 어깨를 펴고
컴퓨터 앞에서
도표를 그리며 전략을 도모하는
너의 표정 안에는
국제사회가 빙빙 돌고
빙빙 도는 어지럼증을
너는 단호히 두 발로 서서 중심을 잡는다

남녀의 수평에서 조금 더 높아지려는
너의 거센 야간 근무
눈앞이 아찔한 하이힐 계곡 타기
나는 너에게 지금도 내가 아는 귀여운
여자의 이름을 달아 주고 싶은데
사랑을 축하하며
예쁜 꽃다발을 가슴에 안겨 주고 싶은데

세상의 정보를 가장 먼저 주우려고
컵라면을 손에 든 채
너는 밤새 컴퓨터 화면만 뜨겁게 마주하고 있다

나는 오늘 너의 하이힐 굽이 부러진 것을 수선했다
한쪽은 부러지고 한쪽은 닳아 모지락스럽다
한 뼘을 더 크게 보이려는
한 뼘 높은 하이힐은
네 의지의 무게를 감당하지 못했나 보다
내가 수선한 너의 하이힐 세 개
연애편지처럼 손을 떨며 신장 안에 넣으며
뭐라고 기도문을 외울까
키를 더 높이라고 하나 키를 조금만 줄이라고 하나
나는 신장 앞에 우물거리며 서서
나도 너의 발 문수보다 높은 하이힐을 슬쩍 신어 본다.

난꽃 피다

입 안에 단물 고인다
저 생명

홀로 뼛속을 기어오르며
눈 딱 감고 몸을 열기 위한
전력투구 끝에
새 한 마리
껍질 찢고 입술 내어 민다

저 생명
입 안의 끈끈한 타액이
물컹 괴어올라 껴안고 싶다
나도 오래 견디었으므로
묵은 피붙이 같다

응접실 구석에서 몇 달
죽은 듯 잊혀졌던 난 분이
똘똘한 꽃대를 쭉 뽑아 올려
단 한 번의 성혈로 토하는

저 천 마디의 줄임 말

알아듣겠다
어둠 기슭을 꼼꼼히 밟아 오르며
우박을 녹여 마시며 생명 이어 가던
전력투구의 몰입

곧 향기 쏘아 올리면 막을 수 없으리
향기 퍼져 가는 것도 막을 수 없으리.

날으는 말

바람으로 날개를 단
세상에서 가장 큰 새 같은
순은의 말 하나
아침이면 그 넓은 잔등 위에 날 오르라 하네

히이잉 히이잉
콧노래를 부르며
몸을 한 번 후루루 떨면서
어느 신사의 정중한 예절같이
어서 빨리 오르라며 턱 버티고 섰네

제법이다 몽골 박물관에서 달러를 선뜻 주고 사 온
내 주먹보다 두 배로 큰 순은의 말
정교한 문양으로 잘생긴 이 말은
오른쪽 발을 들고 있어 내가 타기만 하면
발굽 소리를 경쾌하게 내면서 달릴 것 같다

새 같기도 하고 말 같기도 한
아니 키 크고 잘생기고 힘 좋은

국적도 물을 필요 없이 세상에서 가장 든든한 등을 가진
어깨 쩍 벌어진 남자 중의 남자
한 무리의 말 떼 같은 비가 씻겨 놓은
청색 하늘과 푸른 초원을 오르내리며
투명한 햇살을 쌩쌩 가르며 날아가겠다고

히이이힝 히이이힝
초고속으로 세상 끝까지 달리겠다고
엉덩이를 쑥 내밀며 은빛 잔등 위에 오늘도 날 오르라
하네.

설악 모정

금세 하루가 지나간다

출가한 바다들은 먼발치에서 척척 가슴을 치면서도
깊고 푸른 여자로 살아가는 것 시원히 보이고
입가에 수염이 돋을 때쯤 모두들 제각각
수월한 일가(一家)를 이룬 외설악 내설악 남설악 들
다시 제 새끼 튼실한 장년들로 키워
울산바위 비룡폭포 권금성 들을 분가시킨 지
몇천 년이라 몸 틀면 그 든든한 것들 어디서나 본다

그의 품은 드넓다
동트는 새벽 비비적거리며 먼저 장난을 시작하는
박새 쇠박새 동고비 곤줄박이 어치 들 어둠 털며
아침 부르고 부산하게 먹이 찾는 아비 새와
겨드랑을 파고드는 새끼 품는 어미 새 들
억세게 귀여워 몸 내어 주고
그 몸 안의 은하수 같은
에델바이스 금강초롱 복수초 노란만병초 나가목
간질간질 고개 들어 아침 마실 나가는 것 챙겨 주고

얼굴 하롱하롱 간질이는 홍줄나비 신선나비
신은줄표범나비 깊은산부전나비 들
목덜미 파고드는 여린 날개 부드럽게 혀 핥아 주고
젖가슴 깊은 곳 조금씩 꿈틀거리며
오랜 잠에서 눈뜨더니 어디를 가는지 잽싼 외출 잦아진
줄장지뱀 유혈목이 능구렁이 살모사 누룩뱀
미끌미끌 정신 나게 세수시켜 주고
배꼽 밑이 푸근하지 멧돼지 오소리 노루 사향노루
고라니 담비 들 그 몸에 따스히 흐르는 혈맥 같은 것

그러나 탐욕을 향한 사람들의 금속 화살이
그것들 숫자 줄여 애가 타 손 많이 가지만
저 혼자 잘 자라는 청설모 다람쥐 너구리는
식구 잘 늘려 예쁘다 그게 악을 이기는 일이지
봄이 오면 누가 막으랴 산불처럼 번지는
진달래 무리들 밤새 신열 높아 앓는 소리 달래고
몸 곳곳에 비상처럼 숨겨 오는 약초들
숨넘어가는 인가로 내려 보내고
소나무 잣나무 참나무 자작나무

대를 보존하는 척추들 쉴 새 없이 바로 세우는
분주한 하루
숨 쉬는 것들 중에 배곯는 것은 없는지
간밤 강풍에 발목 부러진 것은 없는지
사계절 하루도 뒷짐 지고 서 있을 시간 없는데
어랍쇼! 웬 침입자인가 머리카락이며 사타구니 것도
막 후려쳐 가는 벌목 상인도 에라 측은하다 눈감아 주고
세상 탓 사람 탓 투정 한마디 없는
어 머 니
몸 안에 천지를 기르시고 돌보시는
거대 침묵의 정신으로 세상사 질서를 경작하는
그의 연장은 사랑 하나다
설악이여! 대모신이여!

몸의 소멸과 관능, 노동

김주연

1

신달자의 최근 시는 '몸'에 많은 관심을 가진다. 40여 년된 그녀의 시 세계를 실증적으로 섭렵해 보지 못한 나로서는 시 세계 전반의 특징을 말할 수는 없으나, 그녀의 최근 시가 '몸' 화두를 중심으로 테마를 형성하고 있는 것은 틀림없어 보인다. 많은 여성 시인들이 언제부터인가 몸에 깊은 관심을 표명하면서 이른바 페미니즘 시의 전성을 구가해 온 것이 사실인데, 신달자의 몸 시는 그보다 훨씬 이전의 생래적인 것이 아닐까 생각되는 측면이 있다. 읽어 보자.

.손목 휘어지도록 잡아끌고 왔다

뿔이 허공을 치받을 때마다
뼈가 패었다

　　　　　　　　　　　　　　　　　　—「소」

그것은 뼈에 깊게 닿아 있는 집
몸 끝을 터로 삼아 마지막 수행처 하나 지었으니
저 물집 허물어지면
불씨 자욱이 내 발등에 내리겠다.

　　　　　　　　　　　　　　　　　—「물집」

몸의 깊은 곳에서 뿜어져 나오는
화끈거리는 기운
내 몸이 뜨끈뜨끈하다
(중략)
알몸인데도 자꾸 벗고 싶어서
사내는 검푸른 근육을 출렁거리고 있다

　　　　　　　　　　　　　　—「저 산의 녹음」

누구나 자신의 몸에 두 개쯤의 사리를 가지고 있다
(중략)
너에게도 나에게도 있는 몸의 열매
그것은 사라지면서 별에 포개질 것이다

　　　　　　　　　　　　　　　—「사리(舍利)」

내가 건너온 강이 손등 위에 다 모여 있다
무겁다는 말도 없이 손은 잘 받아 주었다

—「끈」

우람한 근육이 펄펄 강줄기로 살아 있는
힘센 오른팔 하나 갖고 싶었으나

—「오른팔」

내 몸에 그런 흉터 많아
(중략)
고질병 류마티스 손가락 통증도 심해
오늘 밤 그 통증과 엎치락뒤치락 뒹굴겠다

—「열애」

나무의 몸을 조금씩 굵게 만들어 갔다
언제부터인지 몰라 나무토막은 나무의 피가 제 몸속에
돌고 있는 것을 알았다

—「결」

한 삼십 년 비에 젖은 여자는
지금도 떠내려간 팔과 다리를 찾겠다고
방에 앉아서도 바다를 헤집고 있네.

—「장마」

수건 하나 걸치지 못하고 벗은 엉덩이를 까고 앉은

저 우주의 심장 한 쪽

—「애무석(愛撫石)」

앙상한 뼈가 한 개 성냥개비 같다

돌아누운 그 여자 꽁지 뼈가 솟은 못 같다

(중략)

어머니 독 묻은 욕을 소나기처럼 맞던

그 엉덩이 살은 다 어디로 갔나

아들 두엇 낳았지만 호적엔 아직 처녀인 팔순의 뼈

—「작은어머니」

자기 손으로 자기 몸을 쓸어내리는 것을

자위행위라고 말합니다만

나의 손은 나의 어머니입니다

내 손이 내 몸의 성감대를 찾아가는 것을

내 손이 내 몸의 흐느끼는 곳을 찾아가는 것을

야릇하게 생각하지 마십시오

—「손」

　시 도처에 편재해 있는 '몸'과 관련된 표현들을 거두절
미하고 인용하였는데, 이들이 보여 주고 있듯이 그 기관
들은 다양하다. 그냥 몸으로 통칭되고 있는 경우가

가장 많지만, 손, 팔, 다리, 심장, 근육 등등 거의 모든 부위가 등장하며 뼈와 엉덩이가 비교적 자주 나온다. 페미니즘 시에서 몸은 대체로 섹스 또는 출산과 관련된 기관으로서 투영되는 경우가 많은데, 이와 비교할 때 신달자의 그것은 현저히 다르다. 페미니즘 문학의 출발은 남성 위주의 전통과 사회체제에 대한 대항문화적 성격에서 비롯되었기 때문에 이른바 남근 중심주의의 전복이 기본 과제였으며, 따라서 남녀 성기에 대한 해부학적 고찰이 행해지기 일쑤였다. 그 결과 프로이트주의의 허상이 비판되었고 여성기와 여성성의 우월론이 문학 안에서도 힘을 얻어 갔다. 외설과 음란의 혐의까지 받는 일부 젊은 여성 시들의 활보가 이와 관련해서 주목받는 이유도 거기에 있었다.

신달자의 몸 시는, 그러나 이와 달리 살이 제거된 뼈의 슬픔에 집중된다. 물론 에로티시즘을 연상시키는 시들이 없는 것은 아니다. 그러나 그것은 뜨겁게 진행되는 현재형으로 묘사되지 않는다. 특히 남녀 간의 사랑과 정열의 소산으로 나타나지 않는다. 시인의 에로티시즘은 주로 "엉덩이"라는 표현을 통해 우회적으로 조성되는 경우가 대부분인데, 그것도 풍경 묘사와 관련된다는 점이 특이하다. 예컨대 알몸, 사내, 근육과 같은 단어들이 등장하는, 가장 직접적인 성애의 장면을 담고 있는 작품도 그 제목이 「저 산의 녹음」이다. 말하자면 짙은 녹

음으로 뒤덮인 산의 모습을 시인은 "초록의 몸이 무거워/
뒤뚱거리며 누운 저 여름 짐승"으로 그리고 있는 것이다.
시인의 눈에는 그리하여 "숨 쉴 때마다 온 산이 들썩들
썩"한 것으로 보인다. 이러한 시각의 획득은 자연스럽게
그 숲과 산의 기운을 정력적인 것으로 느끼게 하며 "내
몸이 뜨끈뜨끈하다"라는 고백으로 이끈다. 녹음으로 가득
찬 산이 시인에게는 근육질의 알몸 사내로 투영된다.
마침내 시인은 "나 갑자기 수태할 것 같다"라는 드문
진술에 도달하면서 시집 전체를 통해 가장 에로틱한 숨을
내뿜는다. 마지막 대목이다.

나 알몸으로 누워 산을 받아들이면
산 하나 품어 나오리
바다와 강이 하늘이 땅이 산이 모여
초록의 물결로 넘실거리다가
불끈 일어서는 저 거인
누가 엉덩이를 치받는지 다시 꿈틀한다
바람 불 때마다 푸른 불이 번져 나간다.

여기서 "엉덩이"는 어느 여인의 그것이리라. "엉덩이"
는 섹스와 관련된 부분 묘사에서 시인이 즐겨 사용하
는 어휘로서 작품 곳곳에 등장한다. 그것은 성기의 다른
표현이며, 성교의 배후가 되는 지점이기도 하다.(「작은

어머니」가 전형적이다.) 그러나 「애무석(愛撫石)」이 보여 주듯, 그리고 앞의 작품 「저 산의 녹음」이 말해 주듯, "엉덩이"는 자연의 풍경을 역동적으로 파악하는 시인의 성적 시각을 반영하는 상징으로서 기능한다. 이를테면 현실의 엉덩이, 사람 몸의 엉덩이가 한 발짝 뒤로 물러앉은 것이다. 그것은 현장에서 살짝 물러난 시인 자신의 새로운 시각을 의미한다. 말을 바꾸면 시적 조망으로서의 관능성이다. 이 부분은 시인 신달자의 독특한 능력을 형성하는 중요한 모멘트다. 시가 현실을 보고 받아들이면서 행하는 상상력과 기억의 소산이라면, 관능은 이 두 요소가 가장 설득력 있게 어울려 힘을 발휘하는 역동적 순간으로 나타난다. 그러나 문제는 그 이후다. 그 역동의 관능이 자신의 감정적 폭발에만 기여하는지, 또 다른 환상 공간을 통한 형식과 세계관의 창출로 연결되는지, 그 매개의 능력에 따라서 말초적 감각의 재생산, 또는 전혀 다른 삶의 교훈으로 나타나는 것이다. 신달자의 관능은 식물성의 풍경까지 힘 있는 생명체로 입체화하는 일을 성공시킨다. 그리하여 비록 성애의 현장에 작용하지 않는 관능일지언정, 충분히 보존되고 고양된 상상력으로서 늙은 몸, 또는 지친 몸의 총체적 관찰이라는 전망을 확보한다. 그것은 문학의 소중한 가치인 사랑에 상응하는 아름다움이다.

이런 과정을 거치면서 몸은 서서히 늙어 가고 살과 엉덩이 대신 뼈만 남는다. 몸의 소멸이다. 그러나 그 소멸은 그렇게 비참하지만은 않다. 소멸은, 몸의 필경은 소멸이라는 것을 일깨우고, 영원한 생명의 매개로서의 어머니를 환기시킨다. 그 터득된 달관으로 인하여 자기 몸을 쓸어내리는 자신의 손이 사실은 어머니라는 인식에 도달한다.(「손」) 이 인식은 소중하다. 그의 시 여러 곳에 나오는 "손"은 노동의 손이며 위무의 손인데, 마치 어머니 같은 그 손에 의해 몸은 안식을 얻는다. 소멸성인 육체는 살아 있는 동안 위로받아야 한다. 몸을 직접적으로 다루지 않는 다른 여러 작품들에서, 이 위로받지 못한, 때로 버려진 느낌마저 주는 몸을 이끌고 등장하는 피곤한 사람들이나 동물의 모습은 이와 관련하여 또 다른 주목의 대상이 된다. 예컨대 「소」, 「저 거리의 암자」, 「저 허공도 밥이다」, 「물집」 등등의 작품들이 이에 속한다. 그것들은 얼핏 보아 신산(辛酸)과 간난(艱難)의 노동을 그리고 있으나, 그 배후에 잠복되어 있는 것은 위로받지 못하는 몸들의 슬픔이다.

바라보는 관능과 그 끝에 다시 살아오는 어머니, 그리고 노동과의 관계를, 몸을 중심으로 건강하게 다시 세워나가는 일에 신달자의 최근 시는 알맞은 성과를 올린다. 이런 시구는 얼마나 훈훈한가. 관능과 노동의 몸이 빚어내는 잘 읽은 공간이다.

　　애야 일어나라

볕살 좋은 곳에 오늘은 뚜껑 열어 두고

항아리마다 담긴 말씀을 푸욱 익히는

내 몸의 장독대여.

—「귀」

2

신달자의 최근 시가 잔잔한 파문으로 가슴에 다가오는
까닭에는, 그의 차분한 묘사 솜씨가 큰 몫을 하고 있다는
점이 환기될 만하다. 그의 시 세계 전반을 이와 관련지어
말할 수는 없겠으나, 이즈음의 시가 감정이 절제된 묘사
의 미학 위에서 삶에 달관한 목소리를 설득력 있게 전해
주고 있는 것은 틀림없다. 가령 자신의 내면적 사랑을 사
물화한, 감정을 객관화하기 힘든 상황을 묘사한 「지진」과
같은 작품을 읽는다.

당신이 내 앞에 있었다

지진은 그때부터 시작되었다

강력한 쓰나미의 해일이 지구를 덮쳐 버렸다

오 맙소사!

우리는

재앙의 비를 사랑의 비라고 고쳐 불렀다

아무리 사랑의 비라고 고쳐 불러도

사랑은 대답이 없었다

폐허의 가슴과 가슴이 지붕을 이뤄

오래 폐허로 살았다

당신은 어느 날

내 몸의 폐허까지 온몸에 휘감고

해일에 휩쓸려 몸 날렸지만

내 몸부림치는 폐허는 더 터를 넓혀 갔다

흔들흔들흔들흔들

아직도 여진은 계속.

―「지진」 전문

    사랑의 고통을 말하고 있다. 그러나 이 시는 별로 고통
스러워 보이지 않는다. 고통이 꽃으로 망울져 가고 있는
분위기다.(그렇다, 분위기! 시는 분위기인 것이다.) 그러나
시의 분위기는 시인이 자신의 감정으로 만들려고 작심할
때, 오히려 멀리 달아나고 깨진다. 이 시에서 시인은 마치
타인의 사랑을 관찰하듯 그 내/외면을 묘사한다. "오
맙소사!"와 같은 감탄사의 개입이 있으나, 이 역시 도리어
자신들을 타자화하는 기능으로 작용한다. 그리하여
해일, 재앙, 폐허와 같은 처참한 낱말들에 의해 비극적인
사랑을 전하고 있음에도 그 사랑은 비극으로부터 구원을

향해 발돋움하고 있는 느낌으로 성장한다. 심지어 아직도 그 여진이 계속됨을 표현하는 의태어 "흔들흔들흔들흔들"은 미묘한 유머로서, 사랑도 결국은 인생사, 그 시작과 끝이 있는 시간의 유희라는 인상마저 던져 준다. 재미있다. 비록 비극일지라도 이 시는 재미있다. 비극과 희극은 동전의 양면이라는, 저 성공한 고전적 비극론은 이 경우에도 아주 합당하다. 시인이 감정을 절제하고 상황을 마치 사물처럼 즉물화하여 침착하게 묘사할 수 있었기 때문이다. '분위기'는 바로 이때 배태되고 형성된다. 비로소 우리는 선명한 이미지로 다가오는 비극에 공감하게 된다.

　물론 신달자의 묘사는 상황의 상태와 움직임을 세밀하게 진행형으로 묘사하는 기법과는 거리를 갖는다. 따라서 형용사와 동사가 풍부하게 구체적으로 동원되는, 이른바 역동적인 고요의 순간과 동행하는 묘사는 아니다. 그보다는 「지진」에 나타나듯 명사와 명사가 굵직하게 이동하는, 다소 굵은 진행을 보인다. 때로 추상명사가 그대로 움직이는 모습을 보여 줌으로써 묘사가 거두는 효과, 이를테면 미세한 떨림이나 디테일의 전시와 같은, 작은 것들의 위대함이 살아나지 않는 측면이 있다. 그러나 명사들을 중심으로 한 그 전위와 충돌, 함몰과 융기 등의 선 굵은 어법은 시인이 즐겨 다루고 있는 전통적 반상 사회의 풍속, 그곳 여인네들의 생활, 시골의 사찰 풍경, 그리고 구질구질하기 마련인 도시 변두리의 노동 현실, 이 모든 것들을 내면화하는 일에 있어서 단순화의 기술로 작용하고 있는 것도 사실이다. 특히 불만과 회한, 불평과 그리움이 탄식으로 흐르기 쉬운 시인 자신의 감정을 방어하고 언어를 절약하고 있다는 점에서 시인의 묘사 어법은 특유하고 효과적이다. 시인의 이러한 모든 역량이 주변의 사물들을 끌어올려 시적 대상으로 고양시키는 관찰과 묘사로 집중된다면, 인생의 지혜를 깨우쳐 주는 원숙의 문학으로 우리를 더욱 마음 저리게 할 것이다.

(문학평론가)

신달자

1943년 경남 거창에서 태어났다.
숙명여대 국문과를 졸업하고 동 대학원에서 박사 학위를 받았다.
1964년 《여상》에서 여류신인문학상 수상과 함께 등단한 후,
1972년 박목월 시인의 추천으로 《현대문학》에서 재등단했다.
『봉헌문자』, 『아가』, 『아버지의 빛』, 『오래 말하는 사이』, 『열애』,
『북촌』 등의 시집이 있으며, 『시인의 사랑』, 『너는 이 세 가지를 명심하라』 등
다수의 에세이집이 있다. 1989년 대한민국문학상, 2001년 시와시학상,
2004년 한국시인협회상, 2007년 현대불교문학상을 수상했다.
2008년 영랑시문학상, 2009년 공초문학상을 수상했다.

열애

1판 1쇄 펴냄 2007년 10월 12일
1판 5쇄 펴냄 2019년 4월 24일

지은이 신달자
발행인 박근섭, 박상준
펴낸곳 (주)민음사

출판등록 1966. 5. 19. 제16-490호.
서울특별시 강남구 도산대로1길 62(신사동)
강남출판문화센터 5층(우편번호 06027)
대표전화 02-515-2000 / 팩시밀리 02-515-2007
www.minumsa.com

ISBN 978-89-374-0759-8 03810